四川省公路工程技术指南

低交通量公路路面典型结构设计指南

SCG D51—2010

主编单位：四川省交通厅公路规划勘察设计研究院
参编单位：四川省交通运输厅公路局
批准部门：四川省交通运输厅
施行日期：2010 年 7 月 1 日

西南交通大学出版社
2010 · 成都

图书在版编目（CIP）数据

低交通量公路路面典型结构设计指南 / 四川省交通厅公路规划勘察设计研究院主编. —成都：西南交通大学出版社，2010.8

ISBN 978-7-5643-0774-5

Ⅰ. ①低… Ⅱ.①四… Ⅲ. ①公路－路面－结构设计－指南 Ⅳ. ①U416.202-62

中国版本图书馆 CIP 数据核字（2010）第 149028 号

低交通量公路路面典型结构设计指南

主编　四川省交通厅公路规划勘察设计研究院

责任编辑	孟苏成
特邀编辑	杨　勇
封面设计	本格设计
出版发行	西南交通大学出版社 （成都二环路北一段 111 号）
发行部电话	028-87600564　028-87600533
邮　　编	610031
网　　址	http: //press.swjtu.edu.cn
印　　刷	成都蜀通印务有限责任公司
成品尺寸	140 mm×203 mm
印　　张	2.312 5
字　　数	45 千字
版　　次	2010 年 8 月第 1 版
印　　次	2010 年 8 月第 1 次
书　　号	ISBN 978-7-5643-0774-5
定　　价	25.00 元

图书如有印装质量问题　本社负责退换

四川省交通运输厅
公　　告

川交科教便〔2010〕62号

关于发布《低交通量公路路面典型结构设计指南》的公告

各市州交通局、质量技术监督站、厅直各有关单位：

为进一步提高我省公路桥梁桥面铺装技术水平，及时指导工程实践，我厅组织编写了《低交通量公路路面典型结构设计指南》（SCG D51—2010），作为四川省公路工程技术指南，自2010年7月1日起施行。

《低交通量公路路面典型结构设计指南》根据四川省公路建设实际情况，结合近几年科研项目研究成果和工程实践编制完成，是四川省公路工程行业推荐性标准，在公路行业内自愿采用。

《低交通量公路路面典型结构设计指南》由四川省交通

厅公路规划勘察设计研究院主编和解释，请各有关单位在实践中注意积累资料，总结经验，及时将发现的问题和修改意见函告四川省交通厅公路规划勘察设计研究院（四川省成都市武侯祠横街 1 号，邮政编码：610041；联系电话：028-82766537），以便修订时参考。

特此公告。

四川省交通运输厅

二〇一〇年六月十八日

前　言

为适应四川省低交通量公路建设发展的需要，提高路面设计水平和工程质量，简化路面设计程序，根据四川省低交通量公路路面使用性能调查、大量室内外试验，结合交通量、沿线人口密度、当地经济情况、自然和社会环境、各地筑路材料和建设资金状况等实际情况，编制了《低交通量公路路面典型结构设计指南》，为四川省低交通量公路建设可持续发展提供技术指导。在具体设计时，除依据正文外，还应结合条文说明根据本地区的实际情况灵活运用。

请各有关单位将执行本指南中所发现的问题和意见，函告四川省交通厅公路规划勘察设计研究院（地址为成都市武侯祠横街1号，邮政编码610041，电话028-82766537），以便下次修订时参考。

本指南主编单位：

四川省交通厅公路规划勘察设计研究院

本指南参编单位：

四川省交通运输厅公路局

本指南主要起草人：

张　蓉　冯文生　张晓华　毛　成　于天才　杨现茂
何健杰　杨智敏　罗方军　张　毅　潘　嵩　雍黎明
张光勇　苏　洲　蒋庆华　全应红　梁正钦　袁　泉
张　敏　冯　佳　黎　苗

目　录

1 总 则

1.0.1 本指南适用于四川省低交通量公路路面新建和改建设计。

1.0.2 低交通量公路指折合为小客车，单车道年平均日交通量小于 400 辆，双向车道年平均日交通量小于 2 000 辆的四级公路。

说明

根据《公路工程技术标准》（JTG B01—2003）（以下简称标准）中对公路等级的划分原则，突出以功能作为选用公路等级的理念，表 1.0.2 是标准中根据此理念考虑通行能力确定的各汽车代表车型与车辆折算系数。

本指南车辆折算系数参照表 1.0.2 执行，考虑到低交通量公路主要目的是满足通达要求和接入服务的支线公路，允许混合交通，设计速度和服务水平较低，低交通量公路定位为单车道年平均日交通量小于 400 辆（折合为小客车），双向车道年平均日交通量小于2 000辆（折合为小客车）。

表 1.0.2 各汽车代表车型与车辆折算系数

汽车代表车型	车辆折算系数	说明
小客车	1.0	≤19 座的客车和载质量≤2 t 的货车
中型车	1.5	＞19 座的客车和载质量＞2 t～≤7 t 的货车
大型车	2.0	载质量＞7 t～≤14 t 的货车
拖挂车	3.0	载质量＞14 t 的货车
拖拉机	4.0	

1.0.3 路面结构设计可根据当地的经济发展、交通量、居民密度等采取分期修建的方案，但应考虑前期修建的可用性。

1.0.4 路面设计应根据使用要求及气候、水文、地质等自然条件，密切结合当地筑路材料和实践经验，进行路面综合设计。在满足使用要求的前提下，应遵循因地制宜、合理选材、方便施工、利于养护、节约投资的原则，进行路面设计方案的技术经济比较，所选结构能抵抗自然因素破坏，发挥路面平整、防水、防尘等功能作用。

说明

路面设计工作内容：路面设计工作是一个系统工程，原材料性质决定水泥混凝土、沥青混合料或各种基层混合料的物理力学性质，各种混合料的性质决定各结构层的使用性能，材料选择直接影响路面的质量和耐久性。各结构层的组合与当地的气候、交通量、交通量组成密切相关，合理的路面结构组合可使路面获得经济、耐久的效果。

对于低交通量公路设计工作主要包括以下具体工作：

1. 调查沿线居民密度、交通量及交通量组成和当地经济情况，初步选择合适的典型路面结构。

2. 收集沿线的筑路材料分布资料，以确定各结构层所用路面材料。

3. 收集当地气候（主要是降雨量、是否有冰冻等）资料、了解沿线地质等，以确定所选路面结构是否适合当地气候条件，是否对路基进行处治；如果表面层采用沥青表处或沥青贯入式、沥青混凝土，还应选择合适的沥青标号。

4. 对所选路面方案进行技术经济综合比较，确定合理的路面结构类型。

5. 认真做好路面排水设计，特别是降雨丰富地区。

1.0.5 环境保护：低交通量公路分布面广，总规模大，和广大农（牧）民生产、生活密切相关。所以，公路建设必须重视环境保护，与当地扶贫开发，山、水、林、田综合治理，小城镇建设及资源利用等相结合，坚持可持续发展战略。

说明

四川省地域辽阔，气候、水文地质条件复杂，部分地区常出现滑坡、泥石流等地质灾害，还有些地区如甘孜、阿坝等地区生态脆弱，在进行公路建设时，一定要坚持可持续发展，严禁大填大挖，破坏当地的生态植被。

1.0.6 低交通量公路路面设计鼓励采用新技术、新材料、新工艺，利于循环经济，资源再利用等，降低工程造价。

说明

随着技术的发展，出现了一些路面新技术、新材料、新工艺，在实际项目中，可结合工程实际，在铺筑试验路的基础上进行应用，并进行跟踪观测，总结经验。

1.0.7 特殊工程，可在本指南推荐的路面典型结构基础上，经过充分论证，对结构组合形式及厚度做适当调整。

1.0.8 路面设计除应符合本指南的规定外，还应符合现行国家和行业有关标准、规范的规定。

2 术语、符号

2.1 术 语

2.1.1 低交通量公路 low traffic volume

折合为小客车，单车道日平均交通量小于 400 辆/日，双向车道日平均交通量小于 2 000 辆/日的四级公路。

2.1.2 设计年限 design period

路面在规定期限内满足预测累计标准轴次所需服务性能，并允许在营运过程中进行表面功能的养护维修或罩面工程，此期限称为设计年限。

2.1.3 面层 surface course

面层为直接承受汽车车轮的作用力和自然因素影响的结构层，由一层或数层组成。

2.1.4 基层 base course

基层为路面的主要承重部分，和面层一起把荷载作用力传至土基，一般由一层或数层组成。

2.1.5 垫层 bed course

垫层为介于基层与土基之间的结构层，在土基水、温状况不良时，用于改善土基的水、温状况，提高路面结构的水稳定性和抗冻胀能力，并可扩散荷载，以减少土基变形。

2.1.6 沥青路面 asphalt pavement

铺筑沥青面层的路面。包括沥青混凝土、沥青表处、沥青贯入式等。

2.1.7 水泥混凝土路面 cement concrete pavement

铺筑水泥混凝土面层的路面，亦称刚性路面。

说明

本节对本指南中出现的主要名词术语作了规定。其他有关公路工程专业性名词术语，可参阅现行国家标准《道路工程术语标准》(GBJ 124—88)和现行交通行业标准《公路工程名词术语》(JTJ 002—87)中的相关规定。

2.2 符 号

N_1——日平均交通量（puc/d） average daily traffic

f_r——水泥混凝土弯拉强度标准值（MPa）tensile strength

standard value of cement concrete

PCC——水泥混凝土 cement concrete

AC——沥青混凝土 asphalt concrete

AST——沥青表处 asphalt surface treatment

APM——贯入沥青碎石 asphalt penetration macadam

TS——弹石 taw

SS——稀浆封层 slurry seal

SFS——石灰工业废渣稳定碎（砾）石 lime and industrial waste stabilized macadam（gravel）

SNS——水泥稳定碎（砾）石 cement stabilized macadam（gravel）

STS——石灰稳定土碎（砾）石 lime stabilized macadam（gravel）

ST——石灰稳定土 lime stabilized clay

TW——土壤固化剂稳定土 soil stabilizer solidified clay

JL——回收沥青路面材料 reclaimed asphalt pavement

NS——泥（灰）结碎（砾）石 clay-bound macadam（gravel）

JS——级配碎（砾）石 graded macadam（gravel）

TX——填隙碎石 prime macadam

TL——天然砂砾 natural gravel

SB——手摆片石 hand-rubble

SX——石屑 chip

ZS——中粗砂 middle coarse sand

L_{jd}——基层顶面验收弯沉值 acceptance deflection on the top of base

L_{td}——路基顶面验收弯沉值 acceptance deflection on the top of subgrade

说明

在选择路面典型结构时，注意符号表示的含义。

3 技术标准

3.1 路基横断面

3.1.1 低交通量公路路基宽度应不小于 4.5 m，特殊路段最小宽度应不小于 3.5 m，在特殊路段应设置防撞护栏或护墩等安全设施（图 3.1.1）。

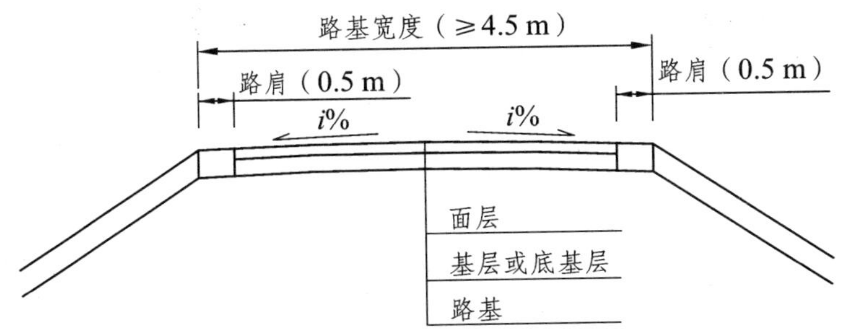

图 3.1.1 路基典型横断面

3.1.2 对于交通量大于 200 辆/日或路基宽度小于 4.5 m 的

路段，应设置错车道（图 3.1.2），利用弯道外侧或直线段设置错车道，每公里可设置 4～5 处，宽度不应低于 6.5 m，变宽长度不宜小于 10 m，错车长度不宜小于 15 m；对视线不良地段，可根据情况进行调整。

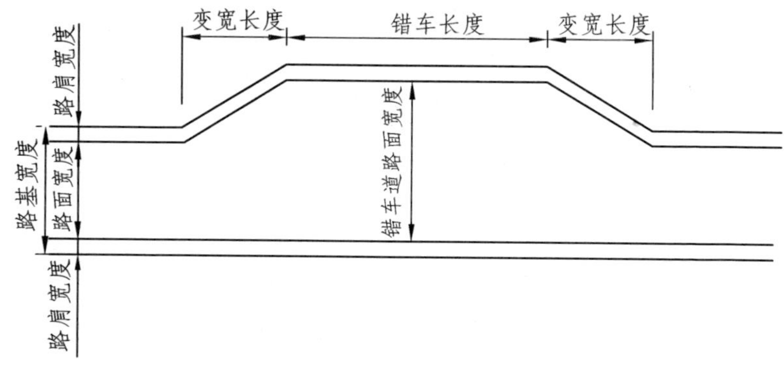

图 3.1.2　错车道典型断面图

3.1.3　路拱横坡：在 2%到 4%之间选取。年平均降雨量大于 1 000 mm 时，宜选择中高限；小于 1 000 mm 时，宜选择中低限。对于水泥混凝土路面可设置单向横坡，根据两侧边沟排水条件，选择排水方向。

3.1.4　路肩横坡：直线段行车道横坡为中高限时，路肩横坡与之同坡；为低限时，路肩横坡不低于 3%。

说明

四川省低交通量公路路基宽度一般不小于 4.5 m，但对地形条件艰难地区，可先期考虑 3.5 m。双向单车道在我省特别是在地形条件艰难山区的低交通量公路中占有较大的比例，由于单车道条件状况易引起擦撞、侧翻等不同形式的交通事故，因此，在低交通量公路单车道路段修建错车道是解决错车安全的有效手段。错车道就是在可通视的一定距离内，供车辆交错避让或满足故障车辆临时停放用的一段加宽车道。在视距受限路段，设置必要的安全设施。

3.2 设计年限

根据四川省当前经济水平、交通发展和投资条件，对于低交通量公路，水泥混凝土路面设计基准期为20年，沥青混凝土路面结构设计年限为6年，沥青表处、沥青贯入式、弹石路面结构设计年限为5年，稀浆封层路面结构设计年限为3年。

说明

对于简易铺装或无铺装的路面，设计年限仅作为结构计算的基准，这种路面常作为过渡式路面或偏远贫困地区、交通量很小时选用。

4 路基与垫层

4.1 路　基

4.1.1 路基必须密实、均匀、稳定。路床的质量应符合《公路路基设计规范》（JTG D30—2004）的相关规定。

必须采取防止地下水和地面水浸入路面、路基的措施，确保路基的强度和稳定性。在设计时，宜使路基处于干燥、中湿状态。对于潮湿、过湿状态的路基，如当地石料丰富，可换填砂、砂砾、碎石等渗水性材料；对石料缺乏的地区可采用消石灰、土壤固化剂等措施进行处理，以达到土基回弹模量不小于 25 MPa 的要求。

4.1.2 路基检验标准

（1）压实度

新建低交通量公路路基的压实度应达到表 4.1.2 中的相关规定。

表 4.1.2 路基压实度、*CBR* 值要求

填挖类别	路床地面以下深度/cm	压实度/%	*CBR*/%
填 方	0 ~ 80	≥94	≥4
	80 以下	≥93	≥3
零填及路堑	0 ~ 30	≥94	≥6

注：标准采用重型击实试验法。

（2）弯沉

采用贝克曼梁弯沉仪测定路基弯沉值，检验路基设计回弹模量相对应的弯沉值是否能达到设计要求。

① 将路基回弹模量设计值按式（4.1.2-1）计算其相对应的路基设计弯沉值 L_{0D}，作为检验路基强度的简便方法。

$$L_{0D}=\frac{2p\delta}{K_1E_{0D}}(1-\mu_0^2)\alpha_0\times10^2 \tag{4.1.2-1}$$

式中 L_{0D}——路基设计弯沉值（0.01 mm）；

p，δ——测定车轮胎接地压强 0.7（MPa）与当量圆直径 21.30（cm）；

E_{0D}——路基回弹模量设计值（MPa）；

α_0——均匀体弯沉系数，取 0.712；

μ_0——路基的泊松比，取 0.35；

K_1——不利季节影响系数，可根据当地经验确定，一般取 1.2。

② 路基弯沉验收标准

实测的弯沉代表值 L_0 应不大于路基弯沉设计值 L_{0D}。

$$L_0=\overline{L}_0+Z_aS\leqslant L_{0D} \tag{4.1.2-2}$$

式中　$\overline{L}_0$，S——该路段实测路基弯沉平均值（0.01 mm）与均方差（0.01 mm）；

Z_a——保证率系数，低交通量公路一般取 1.5。

若现场实测路基回弹模量代表值小于设计值或弯沉值大于要求的检验值，应采取翻晒补压、掺灰处理等措施，确保路基路面的强度和稳定性。

说明

1. 大量公路建设经验表明，路基必须密实、均匀、稳定，路基土的含水量和压实度直接影响到路面的强度和稳定性，对低交通量公路，根据路面理论分析，影响路表弯沉的主要因素就是路基的强度。在调查时，发现有些路段由于路基未压实，上面虽铺筑了砂砾石路面，但因路基强度不够，在行车荷载的作用下，不久就出现了破坏。因此路基施工时，首先应保证土基模量达到设计要求，必须加强路基的压实，为此提出了路基压实度的要求，击实试验应采用重型击实标准。

2. 为确保路基的强度和稳定性，必须采取防止地面水与地下水浸入路基的有效措施，使路基长期处于干燥或中湿状态。对过湿状态的路基强度与稳定性不足的情况，应采取换填或加固土措施，改善路基的工作状态，提高路床的整体强度，使土基回弹模量不小于 25 MPa。

3.《公路路基路面现场测试规程》中的土基现场回弹模量，是采用直径 30 cm 的刚性承载板，在土基表面逐级加载和卸载测出与每级荷载相对应的回弹变形经计算求得的，因为承载板法测定费时较多、较笨重，如操作不当准确性也不高，考虑到四川省各地的实际情况，在本指南中未列出，但并不是不可采用，如条件许可，可以采用上述方法。由于贝克曼梁弯沉测试方法仪器简单、操作方便、计算容易，成为本指南的推荐方法。

4. 在施工路面之前，为确定路基是否达到了设计要求，本指南提出了路基弯沉验收标准。

4.2 垫 层

4.2.1 垫层设计的条件

在下述情况下，为提高路面结构的整体强度，确保路面结构处于干燥或中湿状态，应设置垫层：

（1）地下水位较高，或沿线为稻田、水塘等，加之排水不良，路基为过湿土，路床的湿度较大，承载能力低，易引起上部路面结构的破坏，需设置垫层以阻断地下水。

（2）排水不良的土质路堑，有裂隙水等不良地质路段。

（3）季节性冰冻地区的潮湿、过湿路段，冬季降温结冰时，大量的水积聚在路基上层，易形成冻胀，春融时大量的水难以排出易形成翻浆，大大降低路基的承载能力。为减少冬冻春融对路基的影响，应设置防冻垫层。

垫层材料可选用粗砂、砂砾、碎石、煤渣及矿渣等。如采用粗砂或砂砾料，为降低水敏感性，要求通过 0.075 mm

筛孔的颗粒含量不应大于 5%；采用煤渣，小于 2 mm 的颗粒含量不宜大于 20%；采用碎石或砂砾垫层，最大粒径应与结构层厚度相协调，最大粒径不超过结构层厚度的 1/2，以保证形成骨架结构，提高结构稳定性。

4.2.2 垫层设置厚度

在需设置垫层的情况下，厚度一般为 120～180 mm，重冰冻地区、潮湿、过湿路段可采用 200～300 mm。

4.2.3 垫层设置宽度

垫层宽度应铺筑到路基边缘，且宜与排水系统相连，注意严禁倒灌。

5 路面典型结构

5.1 路面典型结构选取考虑因素

5.1.1 在设计低交通量公路路面结构时，主要考虑沿线居民密度、交通量和当地经济情况，通过对这三个因素打分，计算路段总分值，根据路段总分值的高低选择路面结构类型。路段总分值计算方式如下：

$$LZ = JM + JT + JJ \tag{5.1.1}$$

式中 LZ——路段总分值；

JM——公路沿线居民密度分值；

JT——公路上的交通量分值；

JJ——当地经济情况分值，采用人均国民生产总值或国民生产总值。

5.1.2 各因素在路段中的权值见表 5.1.2-1，各种因素的打分取值以全省的平均情况为基准，设全省平均值为 M_i（i=M 或 T 或 J），对 JM、JJ 分为大于相应的 $M_i+M_i\times15\%$、在 $M_i\pm M_i\times15\%$之间和小于 $M_i-M_i\times15\%$三种区间，而 JT 则分为大于 $M_i+M_i\times50\%$、在 $M_i\pm M_i\times50\%$之间和小于 $M_i-M_i\times50\%$三种区间，具体取值见表 5.1.2-2。

表 5.1.2-1　各因素权值

因　素	JM	JT	JJ
总　分	3	4	3

表 5.1.2-2　各因素取值

因素	取值区间	取值	取值区间	取值	取值区间	取值
JM	大于 $M_M+M_M\times15\%$	3	在 $M_M\pm M_M\times15\%$之间	2	小于 $M_M-M_M\times15\%$	1
JT	大于 $M_T+M_T\times50\%$	4	在 $M_T\pm M_T\times50\%$之间	2	小于 $M_T-M_T\times50\%$	1
JJ	大于 $M_J+M_J\times15\%$	3	在 $M_J\pm M_J\times15\%$之间	2	小于 $M_J-M_J\times15\%$	1

说明

1. 低交通量公路路面在总造价中占有很大的比重，路面结构选择的恰当与否，直接影响到造价。尽管影响路面结构选择的因素较多，如沿线筑路材料、气候条件、交通量及交通组成、水文地质、土质等，然而根据低交通量公路的主要功能，在众多因素中，路面结构选择主要应考虑沿线居民密度、交通量和当地经济情况，其他因素可以在设计时根据当地的情况进行考虑。通过对四川省现有低交通量公路路面状况的调查与分析，结合国内外农村公路的研究成果和我院在通江、仪陇等地区所做试验路，从当前四川省各地区低交通量公路的设计、施工水平出发，编制标准化的路面结构组合，更易为广大基层工程技术人员接受。为此，我院对现有低交通量公路使用的状况和存在的问题进行了大量的调查分析；对各地的筑路材料进行了广泛调研，并取样做了大量的试验；对四川省气候和各地土质进行调查分析；结合相关计算，编制了基本上囊括四川省各种气候条件、经济发展水平、水文地质、交通量及筑路材料的多种路面典型结构。通过路面典型结构：① 使四川省低交通量公路路面结构组合更趋合理，更符合四川的气候、水文、地质、交通以及材料供应情况，减少路面早期破坏，延长使用寿命；② 减少四川路面结构设计的计算工作量，并形成路面设计、施工的系列化技术措施，进一步提高路面的服务水平。

2. 影响路面结构选择的因素

影响路面结构选择的因素很多，如沿线气候条件、筑路材料、水文地质状况、沿线居民密度、交通量和当地经济情况等。低交通量公路的根本目的是方便广大农民群众的出行，促进物质交流，改善提高生产、生活条件，加快农村社会经济发展。在选择路面结构类型时，应重点考虑公路服务的居民密度、交通量和当地经济情况，其他因素如沿线气候条件、路基状况和筑路材料应根据当地的实际情况进行考虑。

经综合比较后，在选择路面结构标准时，主要考虑三个方面的因素：

（1）沿线居民密度指每公里公路服务的居民数量，如无此资料，也可采用人口密度（人/公里^2）。

（2）交通量基准以200辆/天（折合为小客车）考虑。

（3）当地的经济状况由人均GDP来反映。

四川省各地有关参数及路段分值见表5.1.2-3、5.1.2-4。

表5.1.2-3　四川省各地有关参数

地　区	国内生产总值/亿元	人均国内生产总值/元	人口密度/（人/公里^2）
成都市	3 900.99	30 855	1 025.5
自贡市	486.85	17 348	643.1
攀枝花市	427.61	37 277	154.7
泸州市	508.42	11 831	351.4
德阳市	695.04	19 084	612.7
绵阳市	743.16	15 012	244.7
广元市	233.56	8 557	167.6
遂宁市	372.67	10 467	669.6
内江市	488.28	12 309	734.5
乐山市	562.39	16 737	261.7
南充市	601.95	9 687	500.4
眉山市	412.71	13 691	418.7
宜宾市	645.86	14 489	335.7
广安市	404.90	10 862	588.3
达州市	603.99	10 580	345.3
雅安市	213.22	14 051	99.4
巴中市	213.95	6 806	256.3
资阳市	467.63	11 068	531.7
阿坝藏族羌族自治州	75.63	8 459	10.6
甘孜藏族自治州	94.01	9 640	6.4
凉山彝族自治州	561.07	12 896	72.3
平均值	605	14 367	382

注：数据引自《四川统计年鉴-2009》。

表 5.1.2-4 各县市路段分值参考表

路段分值（$JM+JJ$）	适用县市
2～3	雷波县、木里县、美姑县、甘洛县、越西县、冕宁县、喜德县、昭觉县、金阳县、布拖县、普格县、宁南县、会东县、会理县、德昌县、盐源县、木里县、得荣县、稻城县、乡城县、巴塘县、理塘县、色达县、石渠县、白玉县、德格县、新龙县、甘孜县、炉霍县、道孚县、雅江县、九龙县、丹巴县、泸定县、康定县、红原县、若尔盖县、阿坝县、壤塘县、马尔康县、黑水县、小金县、金川县、松藩县、九寨沟县、茂县、理县、汶川县、通江县、南江县、平昌县、宝兴县、芦山县、石棉县、汉源县、天全县、名山县、荥经县、万源县、开江县、邻水县、屏山县、兴文县、筠连县、高县、珙县、长宁县、江安县、南溪县、青神县、丹棱县、洪雅县、西充县、仪陇县、蓬安县、营山县、嘉陵区、峨边县、马边县、沐川、夹江县、井研县、犍为县、金口河区、大英县、蓬溪县、安居区、苍溪县、青川县、剑阁县、旺苍县、朝天区、原坝区、平武县、北川县、梓潼县、安县、盐亭县、游仙区、古蔺县、叙永县、合江县、盐边县、米易县、仁和区、蒲江县
3～5	西昌市、雨城区、达县、宣汉县、大竹县、渠县、广安区、岳池县、武胜县、华蓥市、翠屏区、宜宾县、彭山县、仁寿县、东坡区、阆中市、南部县、高坪区、峨眉山市、沙湾区、五通桥区、资中县、东兴区、威远县、射洪县、市中区（广元）、江油市、三台县、绵竹、什邡、中江、泸县、龙马潭区、纳溪县、攀枝花西区、荣县、富顺县、沿滩区、崇州、邛崃、都江堰、大邑县
5～6	通江区、顺庆区、市中区（乐山）、市中区（内江）、隆昌县、船山区、涪城区、广汉、旌阳区、江阳区、攀枝花东区、自流井区、贡井区、大安区、新津、郫县、双流、金堂、金牛区、青白江区、武侯区、锦江区、青羊区、成华区、新都、温江

结合四川省各县市的经济状况、人口密度等有关资料，初步归纳了四川省各地低交通量公路的一般路段分值。目前仅收集了各县的资料，设计人员在设计时还应在此基础上收集设计道路所在地的经济状况、人口密度等资料对该分值进一步确定。

上述划分区间是根据《四川统计年鉴—2009》各地区的统计结果制定的，全省人口密度平均值为 382 人/公里 ^{2}，人均国内生产总值平均值为 14 367 元，国内生产总值为 605 亿元，根据对四川省低交通量公路的调查，交通量以 200 辆/天为基准。在具体设计时，应根据当地的实际统计数据和未来交通量、人口和经济增长，合理选择三个因素的打分值。

5.2 路面典型结构

5.2.1 根据路面结构选择原则，结合四川省各地的气候、水文地质、筑路材料和成功经验，制定了四川省低交通量公路路面典型结构（表 5.2.1-1）。

说明

1. 路面典型结构

在选择典型路面时，除考虑正文制订原则外，在具体实施时还应考虑下述因素：

表 5.2.1-1（1） 四川省低交通量公路路面典型结构

路面类型	沥青表处	
路面典型结构图	新　建	改　建
	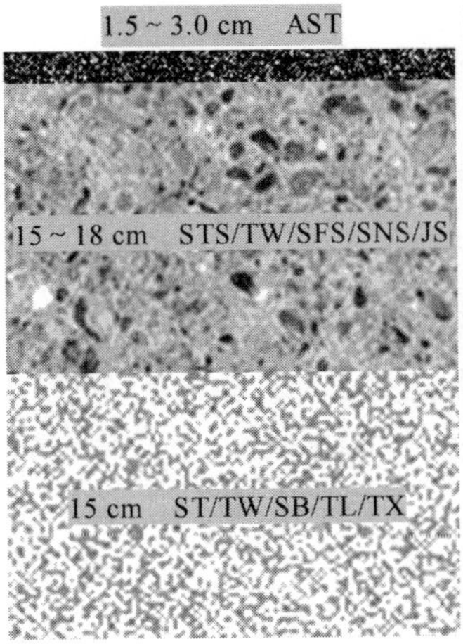 1.5 ~ 3.0 cm　AST 15 ~ 18 cm　STS/TW/SFS/SNS/JS 15 cm　ST/TW/SB/TL/TX 路基	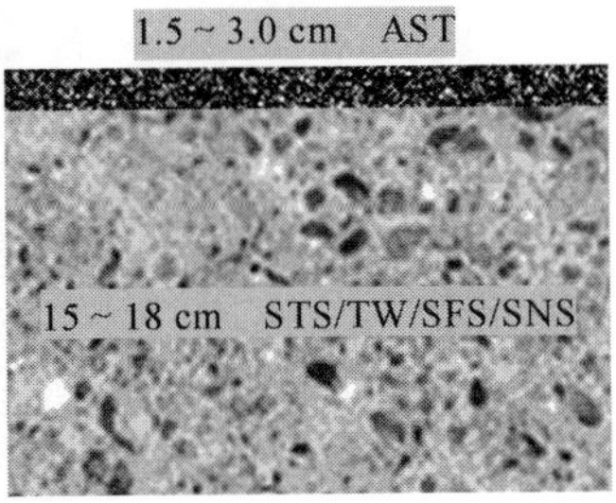 1.5 ~ 3.0 cm　AST 15 ~ 18 cm　STS/TW/SFS/SNS 旧路面（路基）
适用范围	适用于经济欠发达，$LZ=5\sim8$ 的地区	
交通量水平	$N_1 \leqslant 400$（辆/日）	
主要设备配置	沥青洒布车、压路机、稳定土拌和机或旋转耕作机或多铧犁与平地机、运输车等	
造价估算	23 ~ 28（万元/公里）	14 ~ 19（万元/公里）
主要技术要求	1）$L_{jd} \leqslant 130$ 2）$L_{td} \leqslant 320$	1）$L_{jd} \leqslant 130$ 2）$L_{td} \leqslant 230$
设计年限	5 年	

表 5.2.1-1（2）

路面类型	沥青贯入式	
路面典型结构图	新　建	改　建
	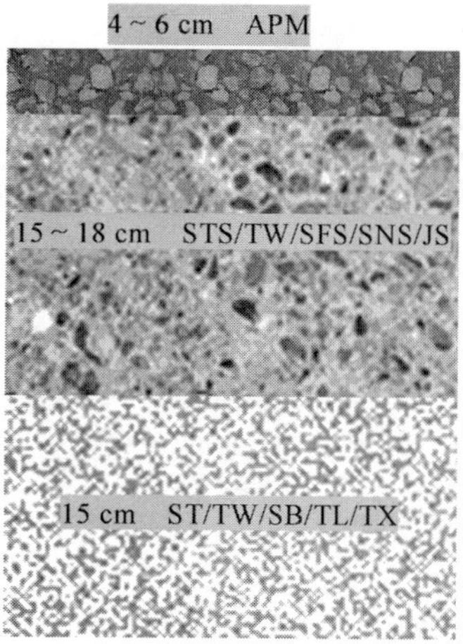 4～6 cm　APM 15～18 cm　STS/TW/SFS/SNS/JS 15 cm　ST/TW/SB/TL/TX 路基	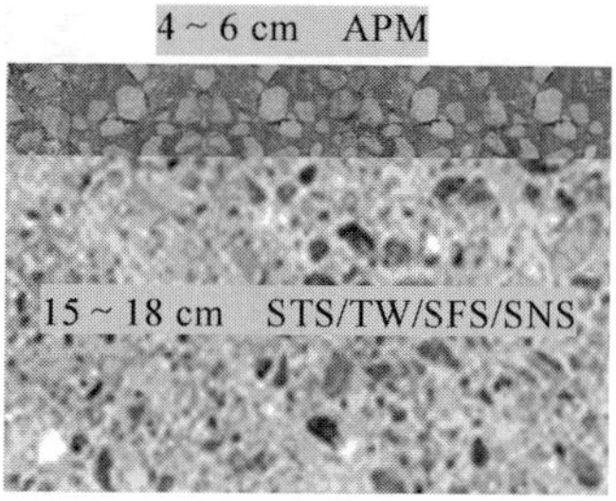 4～6 cm　APM 15～18 cm　STS/TW/SFS/SNS 旧路面（路基）
适用范围	适用于经济欠发达，$LZ=5\sim8$ 的地区	
交通量水平	$N_1\leqslant400$（辆/日）	
主要设备配置	沥青洒布车、压路机、稳定土拌和机或旋转耕作机或多铧犁与平地机、运输车等	
造价估算	30～32（万元/公里）	21～23（万元/公里）
主要技术要求	1）$L_{jd}\leqslant130$ 2）$L_{td}\leqslant320$	1）$L_{jd}\leqslant130$ 2）$L_{td}\leqslant230$
设计年限	5 年	

表 5.2.1-1（3）

路面类型	稀浆封层	
路面典型结构图	新　建	改　建
	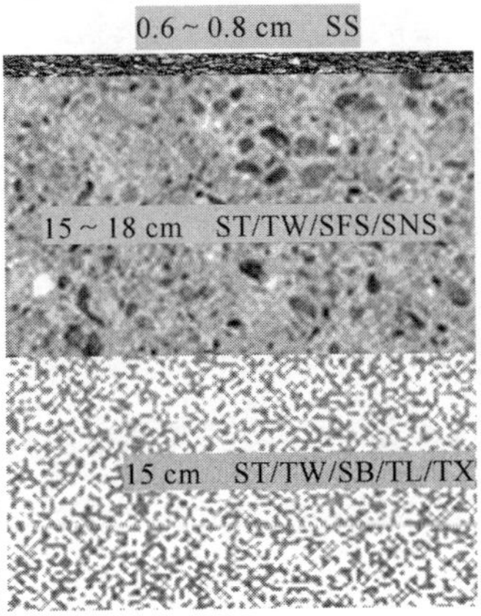 0.6 ~ 0.8 cm　SS 15 ~ 18 cm　ST/TW/SFS/SNS 15 cm　ST/TW/SB/TL/TX 路基	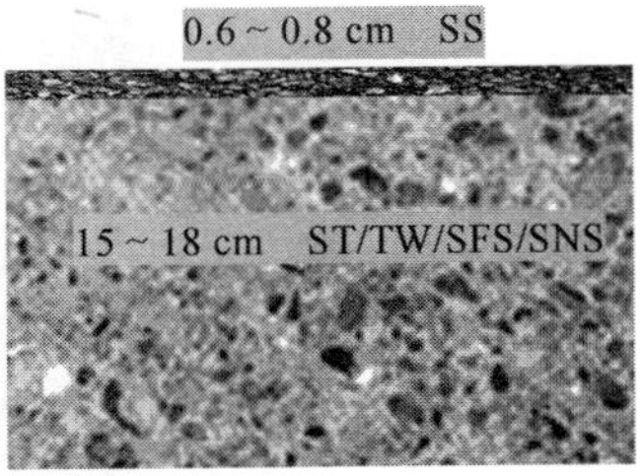 0.6 ~ 0.8 cm　SS 15 ~ 18 cm　ST/TW/SFS/SNS 旧路面（路基）
适用范围	经济相对落后，$LZ = 3 \sim 5$ 的地区	
交通量水平	$N_1 \leqslant 200$（辆/日）	
主要设备配置	稀浆封层车、压路机、洒水车等	
造价估算	17 ~ 21（万元/公里）	8 ~ 12（万元/公里）
主要技术要求	1）$L_{jd} \leqslant 150$ 2）$L_{td} \leqslant 320$	1）$L_{jd} \leqslant 150$ 2）$L_{td} \leqslant 230$
设计年限	3 年	

表 5.2.1-1（4）

路面类型	弹石路面
路面典型结构图	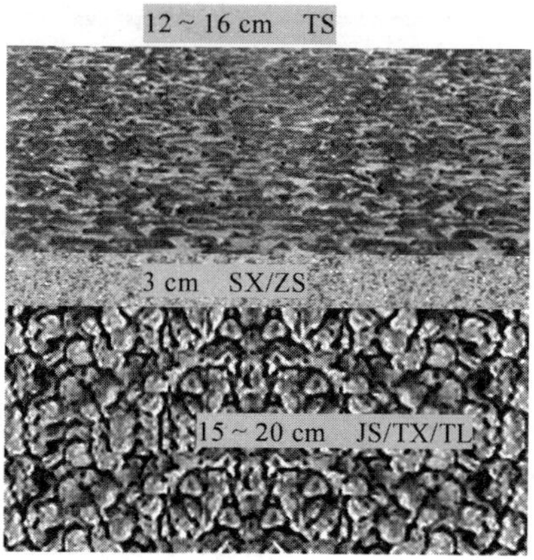 12～16 cm TS 3 cm SX/ZS 15～20 cm JS/TX/TL 路基
适用范围	经济相对落后，$LZ=3\sim5$ 的地区
交通量水平	$N_1\leqslant200$（辆/日）
主要设备配置	压路机、运输车等
造价估算	10～15（万元/公里）
主要技术要求	1）$L_{jd}\leqslant200$ 2）$L_{td}\leqslant320$
设计年限	5 年

表 5.2.1-1（5）

路面类型	简易铺装
路面典型结构图	 3～4 cm JL 10～15 cm NS/ST/TW/TS/JS 12～15 cm SB/TL/TX/TW 路基
适用范围	经济相对落后，$LZ=3\sim5$ 的地区
交通量水平	$N_1 \leqslant 100$（辆/日）
主要设备配置	压路机、洒水车、运输车等
造价估算	10～15（万元/公里）
主要技术要求	1）$L_{jd} \leqslant 170$ 2）$L_{td} \leqslant 320$
设计年限	3 年

表 5.2.1-1（6）

路面类型	泥结碎石
路面典型结构图	12～18 cm NS/JS/TW 12～15 cm SB/TL/TX/TW 路基
适用范围	经济相对落后，$LZ=3\sim4$ 的地区
交通量水平	$N_1\leqslant100$（辆/日）
主要设备配置	压路机、洒水车等
造价估算	8～12（万元/公里）
主要技术要求	$L_{td}\leqslant320$
设计年限	3 年

表 5.2.1-1（7）

路面类型	沥青混凝土路面	
路面典型结构图	新　建	改　建
	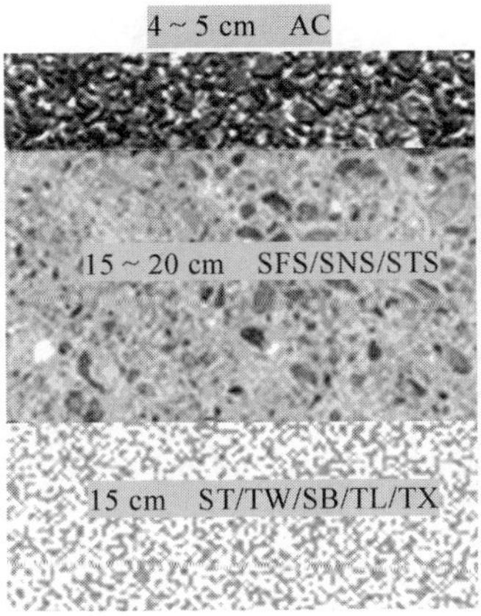 4～5 cm　AC 15～20 cm　SFS/SNS/STS 15 cm　ST/TW/SB/TL/TX 路基	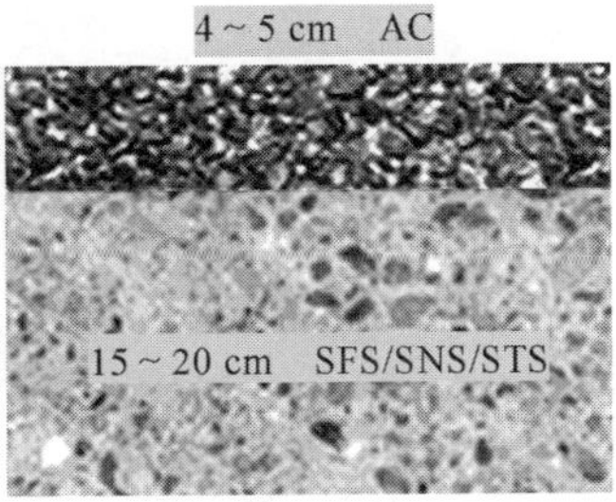 4～5 cm　AC 15～20 cm　SFS/SNS/STS 旧路面（路基）
适用范围	1）适用于经济比较发达，$LZ=7\sim10$ 的地区； 2）三、四级公路或旅游公路	
交通量水平	$200\leqslant N_1\leqslant 1\ 000$（辆/日）	
主要设备配置	沥青拌和楼、压路机、稳定土拌和机或旋转耕作机或多铧犁与平地机、运输车等	
造价估算	32～40（万元/公里）	24～30（万元/公里）
主要技术要求	1）$L_{md}\leqslant 100$ 2）$L_{jd}\leqslant 130$ 3）$L_{td}\leqslant 260$	1）$L_{md}\leqslant 100$ 2）$L_{jd}\leqslant 130$ 3）$L_{td}\leqslant 200$
设计年限	6 年	

表 5.2.1-1（8）

路面类型	水泥混凝土路面	
路面典型结构图	新　建	改　建
	18～22 cm　PCC 15～20 cm　SFS/SNS/STS 15 cm　ST/TW/SB/TL/TX 路基	18～22 cm　PCC 15～20 cm　SFS/SNS/STS 旧路面（路基）
适用范围	1）适用于经济比较发达，$LZ=5\sim10$ 的地区； 2）沿线有厂矿企业； 3）当地盛产水泥地区； 4）三级或四级公路	
交通量水平	$200\leqslant N_1\leqslant 1\,000$（辆/日）	
主要设备配置	水泥混凝土拌和机、平板夯、稳定土拌和机或旋转耕作机或多铧犁与平地机、压路机、切缝机、运输车等	
造价估算	40～50（万元/公里）	32～40（万元/公里）
主要技术要求	1）$f_r\geqslant 4.0$ MPa 2）$L_{jd}\leqslant 130$ 3）$L_{td}\leqslant 260$	1）$f_r\geqslant 4.0$ MPa 2）$L_{jd}\leqslant 130$ 3）$L_{td}\leqslant 200$
设计基准期	20 年	

（1）路面类型

路面类型应根据交通量、沿线人口密度、当地经济情况、自然和社会环境、当地筑路材料和建设资金状况等因素合理选择，可参照本指南中的“低交通量公路路面典型结构”，选择合适的路面结构方案。使用功能有特殊要求的低交通量公路，如重载车辆较多的矿区、林区交叉公路等应结合实际交通量及交通组成情况按相关规范进行专项设计。

① 一般地区可选用水泥混凝土路面、薄层沥青混凝土、沥青（或乳化沥青）贯入式、沥青（或乳化沥青）碎石、沥青（或乳化沥青）表面处治、弹石、砖块、砂石等路面类型。

② 条件较差的地区或分期修建的工程，可利用当地砂砾、未筛分碎石、砖、炉渣、矿渣等粒料或碎砾石、加固土及灰土改善土等路面类型。

③ 石料丰富地区，基层宜选用泥结碎石、级配碎石、填隙碎石、天然砂砾等，基层之上宜设置磨耗层和松散保护层，以便通过日常养护工作，保持一定的强度和稳定性。

④ 泥结碎石、加固土等水稳性较差的材料，不宜直接用于降雨量较大的地区，使用时应设置磨耗层或保护层，采用加固土需作为面层时，应掺石灰等无机结合料，以提高使用耐久性。

⑤ 山势险峻、急弯、陡坡路段，应采用摩阻系数较大、耐久性好的路面。

⑥ 积雪冰冻时间较长、受益人口少、经济相对落后地区，初期不宜采用沥青路面和水泥路面，宜先修建砂石路面。

⑦ 保护层厚度一般为 0.5～1 cm，多用粗砂、砂砾、石屑等。

（2）常见路面结构层厚度

根据四川省低交通量公路路面状况及施工机具调查，结合相关规范，在总结有关经验的基础上提出了我省常用路面结构厚度。各地在具体实施时，应根据工程所在地区的气候、水文、材料、交通量和交通组成特点、施工队伍的设备和管理水平，考虑施工变异性，综合考虑确定。

① 路面各层的结构，应与公路沿线气候、水文、筑路材料、交通量及其组成相适应，为方便施工组织和管理，路面结构层次不宜太多，材料变化不宜频繁，尽量就地取材。

② 路面结构层的设计厚度应根据级配类型、结构组合、压实机具的功能及施工条件等确定，常用路面的压实最小厚度与适宜厚度见表 5.2.1-2。

表 5.2.1-2　常用路面结构压实最小厚度与适宜厚度

结构层类型	压实最小厚度/cm	适宜厚度/cm
贯入式沥青碎石	4	4～8
沥青表面处治	1	1～3
稀浆封层	0.6	0.6～0.8
水泥稳定类	10	10～18
石灰稳定类	10	10～18
石灰工业废渣类	10	10～18
级配碎（砾）石	8	10～18
泥（灰）结碎石	8	10～15
填隙碎石	10	10～12
弹石路面	12	12～16

（3）路面材料

① 面层

面层的选择原则：a. 应能满足当地气候条件、水文地质等对材料的要求；b. 应能适应交通量的要求，尽量就地取材，造价相对低廉；c. 施工方便，质量易于控制。

降雨量丰富的地区（大于 1 000 mm），宜设置水泥混凝土、沥青表处或沥青贯入式路面；经济条件较差，降雨量低于 500 mm 的地区，距离相对较远的低交通量公路，可设置简易路面。如受经济条件的限制，需采取分期修建方式，可不设置面层，但应考虑修建时旧路的可利用性。

② 基层、底基层

基层是路面的主要承重层次，在低交通量公路路面结构中具有重要的作用，基层材料应具有足够的强度、良好的水稳性。

石料丰富的地区，可选用手摆片石、天然砂砾、未筛分碎石、填隙碎石、级配碎（砾）石、泥结碎石等。

石料相对丰富，盛产水泥或石灰、粉煤灰的地区，可采用强度更高、水稳性及耐久性更好的水泥稳定碎（砾）石、水泥稳定砂砾、石灰粉煤灰稳定碎（砾）石、石灰稳定土、泥（灰）结碎石等。

缺乏石料或需要较长距离远运的地区，为降低路面造价，可采用土壤固化剂对土壤进行处理。

（4）路面典型结构选择程序

① 调查交通量资料；

② 查本指南表 5.1.2-2，计算路段分值，据此初步确

定项目所在地区可采用的典型路面结构；

③ 根据当地材料、气候资料选择适合的结构材料组成；

④ 根据交通量的高低确定结构层的厚度；

⑤ 结合投资规模，进行技术经济比选，确定技术经济都可行的路面面层形式及结构层组成；

⑥ 本指南的投资估算仅供设计人员方案选择及投资人决策时参考，不能作为工程的预算，具体预算须根据当地材料市场价格进行编制。

5.3 路面典型结构选择注意事项

5.3.1 沥青表处

（1）路段分值较高时，各结构层厚度取中高限，沥青表处宜采用两层及以上层铺法，用轮胎压路机碾压。

（2）沥青表处中的胶结料可采用热沥青或乳化沥青，技术要求应满足条文说明 6.5“说明”中的相关规定。

（3）降雨量丰富地区，基层应采用水稳性较好的石灰工业废渣稳定碎（砾）石或水泥稳定碎（砾）石。

5.3.2 沥青贯入式

（1）路段分值较高时，各结构层厚度取中高限。

（2）山区大纵坡、小半径弯道路段可采用沥青贯入式。

（3）基层、底基层材料应根据本地材料分布，就地取材。降雨量丰富地区，基层应采用水稳性较好的石灰工业废渣稳定碎（砾）石或水泥稳定碎（砾）石。

5.3.3 稀浆封层

（1）路段分值较高时，结构层厚度取中高限。

（2）需要专门的施工设备稀浆封层车。

（3）施工前，应首先进行配合比试验，铺筑试验路。

5.3.4 弹石路面

（1）适用于石料丰富的地区，道路急弯陡坡地段，或有特殊要求的路段；不适用于有较多重载车辆通行的路段。

（2）为提高弹石路面的使用质量，应保证排水通畅，避免发生积水现象。

（3）基层为级配碎石时，厚度可采用低值，其余材料应采用高值。

5.3.5 简易铺装

（1）改建项目原路面为泥（灰）结碎石或砂石路面，如果条件许可，宜对原路面严重病害处治后，加铺半刚性基层，升级改造为沥青表处或水泥混凝土路面结构。

（2）靠近高速公路沿线，废旧沥青混合料容易获得地区，面层可采用旧沥青混合料处治材料。

（3）缺乏石料、交通量较小地区，可不设 3～4 cm 的磨耗层。

（4）石料丰富、受益人口少、经济条件较差、降雨量较少地区，泥结碎石上可不设 3～4 cm 的磨耗层；由于泥（泥灰）结碎石或砂砾石水稳性较差，在降雨量较大地区应设置磨耗层。

（5）土壤稳定类仅适用于交通量很小或受益人口很少、石料缺乏的偏远地区。

（6）冰冻时间较长、距离较偏远的地区，宜先铺筑砂石路面，在条件容许后，再铺筑面层等结构层次。

5.3.6 泥（灰）结碎石、级配碎石

（1）对改建项目原路面为泥（灰）结碎石或砂石路面，如果条件许可，宜对原路面严重病害处治后，加铺半刚性基层，升级改造为沥青表处或水泥混凝土路面结构。

（2）泥（泥灰）结碎石或砂石路面水稳性较差，适用于干旱、人口稀少、经济不发达地区以及经济欠发达地区分期修建的过渡式路面。

5.3.7 沥青混凝土

（1）适用于重型车较多、场镇及受益人口众多、路段分值 $LZ=7\sim10$ 的地区，或对平整度、外观要求较高的旅游公路。当路段分值较高时，路面结构各层厚度应取中高限，否则宜取低限。

（2）基层或底基层材料，应根据本地材料分布，就地取材。

（3）沥青混凝土需要专门的沥青拌和楼拌和。

（4）土基回弹模量不应低于 30 MPa。

5.3.8 水泥混凝土

（1）适用于重型车较多、场镇及受益人口众多、路段分值 $LZ=7\sim10$ 的地区，路面结构各层厚度应取中高限；受益人口较多、经济欠发达、路段分值 $LZ=5\sim7$ 的地区，路面结构各层厚度宜取中低限。

（2）基层或底基层材料，应根据本地材料分布，就地取材。

（3）在水泥混凝土路面施工时，应加强振捣密实、养生等施工环节，及时切缝、灌缝。

（4）土基回弹模量不应低于 30 MPa。

6 路面主要材料及关键施工技术

6.1 粒料结构

6.1.1 级配碎石、碎砾石

（1）施工工艺流程

准备下承层→施工放样→运输和摊铺集料→洒水拌和→整形→碾压。

（2）材料

无论是级配碎石还是级配碎砾石，均要有一定级配，不能采用单一粒径的粗集料或细集料，基层最大粒径应控制在 31.5 mm 以下，底基层最大粒径可控制在 37.5 mm 以下。为减少水敏感性，严禁夹带素土，含泥量不得大于 5%。级配组成可参照表 6.1.1，如达不到要求，应采用多种规格材料掺配。

表 6.1.1 级配碎（砾）石面层、（底）基层的集料级配

层位	通过下列筛孔（mm）的质量百分率/%								液限/%	塑性指数/%
	37.5	31.5	19	9.5	4.75	2.36	0.6	0.075		
面层	100	85～100	70～90	50～70	40～60	25～40	20～32	8～15	＜28	＜6
基层	—	100	85～100	60～80	30～50	15～30	10～20	2～8	＜28	＜6
底基层	100	90～100	75～90	50～70	30～55	15～35	10～20	4～10	＜28	＜6

（3）施工关键点

① 配料准确，颗粒级配符合要求。

② 混合料拌和均匀，没有粗细颗粒离析现象。

③ 在最佳含水量时进行碾压，使用 12 t 以上压路机振动碾压，每层的压实厚度宜为 15～20 cm。

④ 其上未洒透层沥青或未铺上部结构时，禁止开放交通，保护表层不受破坏。

（4）施工质量控制

① 采用重型击实标准设计时，面层、基层压实度应大于 98%，底基层压实度应大于 96%。

② 表面平整密实、无松散。

6.1.2 泥结碎石

（1）施工工艺流程

准备下承层→施工放样→运输和摊铺碎石→预碾碎石→灌浆→带浆碾压。

（2）材料

碎石：采用当地的砂岩或石灰岩、花岗岩、卵石等满足要求的石料轧制的碎石，压碎值不大于 40%，碎石的最大粒径应小于 75 mm，扁长颗粒不宜超过 20%，碎石的颗粒组成范围可参照表 6.1.2。

土：土的塑性指数以 18～27 为宜，土的含量不应超过 18%（质量比）。

采用泥结碎石时，宜在 0.5 mm 以下的细料中掺入适量的石灰，以改善其水稳性和提高强度。

表 6.1.2 泥结碎石材料规格

编号	下列筛孔（mm）通过率/%						层位
	75	50	40	20	10	5	
1	100	—	0～15	0～5	—	—	底基层或基层
2	—	100	—	0～15	0～5	—	
3	—	—	100	0～15	0～5	—	基层或面层
4	—	—	—	85～100	—	0～5	
5	—	—	—	—	85～100	0～5	嵌缝

（3）施工关键点

① 泥浆的拌制：水与土一般按（0.8～1）：1 的体积比配制。

② 预压：用压路机碾压，使碎石初步嵌挤稳定为止。

③ 灌浆及带浆碾压：碎石洒水润湿，泥浆浇灌相当面积后，撒布嵌缝料（1～1.5 $m^3/100\ m^2$），压路机带浆碾压。

④ 终压：碾压 1～2 遍后撒铺 3～5 mm 石屑并扫匀，

然后碾压，使碎石嵌缝内泥浆能翻到表面上与所撒石屑粘结成整体。

（4）施工质量控制

表面平整密实，无明显离析现象。

6.1.3 填隙碎石

（1）施工工艺流程

准备下承层→施工放样→撒布粗集料→初压→撒布填隙料→振动压实→再次撒布填隙料→振动压实填满孔隙→洒水→终压。

（2）材料

填隙碎石单层铺筑厚度宜为 10～12 cm，一层的压实厚度，可取最大粒径的 1.5～2.0 倍，碎石中的扁平、长条和软弱颗粒的含量不应超过 15%，填隙料宜用石屑，如缺乏石屑时，可以添加细砂砾料或粗砂等细集料。填隙碎石、填隙料的颗粒组成可参照表 6.1.3-1、6.1.3-2。

表 6.1.3-1 填隙碎石的粗集料组成

编号	标称尺寸/mm	下列筛孔（mm）通过率/%							
		63	53	37.5	31.5	26.5	19	16	9.5
1	30～60	100	25～60		0～15		0～5		
2	25～50		100		25～50	0～15			
3	20～40			100	35～70		0～15		0～5

表 6.1.3-2 填隙料的颗粒组成

筛孔尺寸/mm	9.5	4.75	2.36	0.6	0.075	塑性指数
筛孔通过率/%	100	85～100	50～70	30～50	0～10	<6

（3）施工关键点

① 细集料应干燥。

② 应采用振动压路机碾压，填隙料应填满碎石层内部的全部孔隙。碾压后，表面粗碎石间的孔隙应填满，但不得使填隙料覆盖粗集料而自成一层，表面应看得见粗碎石。

③ 在未铺上部结构前，禁止开放交通。

（4）施工质量控制

① 碾压后固体体积率应不小于 85%。

② 表面密实，无明显离析现象。

6.1.4 手摆片石

（1）施工工艺流程

准备下承层→施工放样→片石摆放→撒布嵌缝料→碾压→再次撒布嵌缝料→碾压。

（2）材料

① 片石：石灰岩或砂岩均可作为片石垫层石料，其强度要求不低于三级，压碎值应不大于 40%，且不易风化，片石高度约为层厚的 0.7 倍。

② 嵌缝料：嵌缝料由碎石组成，用于填充片石之间的缝隙，嵌缝工作一般分两次进行，第一次嵌缝料粒径为 20～40 mm，第二次嵌缝料粒径为 5～20 mm。

片石及嵌缝料材料用量可参照表 6.1.4。

（3）施工关键点

① 片石缝隙应填充嵌缝料。

② 每层撒布嵌缝料后应进行碾压。

表 6.1.4　片石及嵌缝料材料用量参照表

层厚/cm	石料用量/（m^3/1 000 m^2）				
	片　石		嵌缝料		
	高度/mm	用　量	第一次嵌缝	第二次嵌缝	合　计
25	180～230	275	58	24	82
20	140～180	220	46	20	66
16	110～140	176	28	12	40

（4）施工质量控制

片石嵌挤密实，无松动。

说明

粒料结构适用于石料丰富地区，级配碎石、碎砾石、泥结碎石可用于底基层、基层甚至是路面，填隙碎石、手摆片石可用于加强路基或底基层、基层。

6.2　稳定土类

如有条件，建议采用集中厂拌，条件不允许时可采用路拌法施工。下面各稳定土类的施工工艺均为路拌法。

6.2.1　水泥稳定碎（砾）石

（1）施工工艺流程

测量放样→运输和摊铺砂砾（碎石）→洒水闷料→摆放和摊铺水泥→拌和→整形→碾压和养生等。

（2）材料

① 选用初凝时间 4 h 以上和终凝时间大于 6 h 的水泥，但不得使用快硬水泥、早强水泥以及已受潮变质的水泥。

② 碎（砾）石的压碎值应不大于 40%。

③ 颗粒的最大粒径不应超过 53 mm，水泥稳定碎（砾）石的颗粒组成可参考表 6.2.1。

表 6.2.1 水泥稳定碎（砾）石的颗粒组成

层位	下列筛孔（mm）通过率/%									
	53	37.5	26.5	19	9.5	4.75	2.36	1.18	0.6	0.075
基层、底基层	100	90～100	66～100	54～100	39～100	28～84	20～70	14～57	8～47	0～30

注：均匀系数应大于 10，塑性指数应小于 12。

水泥稳定碎石（砾）石 7 天浸水抗压强度应不低于 1.5～2.5 MPa，压实度不低于 95%～97%，交通量大时取高值，交通量小时取低值。

水泥稳定碎（砾）石中的水泥剂量一般为 4%～6%，不宜大于 6%。

（3）施工关键点

① 应先铺筑 100～200 m 的试验段，以确定材料含水量、压实工艺等。

② 从混合料开始拌和到碾压结束的时间应短于水泥的终凝时间，应采用振动碾压。

③ 配料准确，摊铺中应保证集料均匀，避免粗细集料离析，否则应及时清除局部粗集料或添加细集料。

④ 严禁用薄层贴补方法进行找平。

⑤ 必须保湿养生，不得使稳定材料表面干燥，也不应忽干忽湿，养生时间不宜低于 7 天。

（4）施工质量控制

① 压实度：底基层压实度应大于 95%，基层应大于 97%。

② 强度：无侧限抗压强度应达到设计要求。

6.2.2 石灰粉煤灰稳定碎（砾）石

（1）施工工艺流程

准备下承层→施工放样→运输和摊铺集料→运输和摊铺粉煤灰或煤渣→运输和摊铺石灰→拌和及洒水→整形→碾压。

（2）材料

碎（砾）石的压碎值应不大于 40%；对粉煤灰、煤渣、矿渣较为丰富的地区，用石灰、粉煤灰、碎石或砂砾按一定比例拌和而成，混合料的配合比设计可参考表 6.2.2 确定。

表 6.2.2 石灰粉煤灰稳定碎（砾）石的颗粒组成

层位	下列筛孔（mm）通过率/%								
	37.5	31.5	19	9.5	4.75	2.36	1.18	0.6	0.075
基　层	—	100	85 ~ 100	55 ~ 75	39 ~ 59	27 ~ 47	17 ~ 35	10 ~ 25	0 ~ 10
底基层	100	85 ~ 100	65 ~ 85	50 ~ 70	35 ~ 55	25 ~ 45	17 ~ 35	10 ~ 27	0 ~ 15

石灰粉煤灰稳定碎（砾）石 7 天浸水抗压强度应不低于 0.5～0.8 MPa，压实度不低于 95%～97%，交通量大时取高值，交通量小时取低值。

采用石灰粉煤灰做基层或底基层时，石灰与粉煤灰的比例可用 1∶2～1∶4，具体应根据设计的强度标准，通过试验确定最适宜的石灰与粉煤灰的比例。

（3）施工关键点

① 应先铺筑 100～200 m 的试验段，以确定材料含水量、施工工艺等。

② 配料准确，摊铺中应保证集料均匀，避免粗细集料离析，否则应及时清除局部粗集料或添加细集料。

③ 严禁用薄层贴补的方法进行找平。

④ 必须保湿养生，不得使稳定材料表面干燥，也不应忽干忽湿，养生时间不宜低于 7 天。

（4）施工质量控制

① 压实度：底基层压实度应大于 95%，基层应大于 97%。

② 强度：无侧限抗压强度应达到设计要求。

6.2.3 石灰稳定碎石土

（1）施工工艺流程

准备下承层→施工放样→备料、摊铺土→洒水闷料→整平和轻压→运输和摊铺石灰→拌和与洒水→整形→碾压→养生。

（2）材料

① 石灰：符合表 6.2.3-1 石灰指标要求。

② 碎（砾）石：压碎值应不大于 40%。

表 6.2.3-1　石灰技术指标

技术指标 \ 材料种类		钙质生石灰	镁质生石灰	钙质消石灰	镁质消石灰
有效钙加氧化镁含量/%		70	65	55	50
未消化残渣量（5 mm 圆孔筛筛余/%）　不大于		17	20	—	—
含水量/%　不大于		—	—	4	4
细度	0.71 mm 方孔筛筛余/% 不大于	—	—	1	1
	0.125 mm 方孔筛累计筛余/% 不大于	—	—	20	20
钙镁石灰的分类界限，氧化镁含量/%		≤5	>5	≤4	>4

塑性指数为 15～20 的黏土以及含一定数量黏性的中粒土、粗粒土均可采用石灰稳定，塑性指数偏大的黏性土，应加强粉碎，粉碎后土块的最大尺寸不应大于 15 mm，可以采用二次拌和法，第一次加部分石灰拌和后闷放 1～2 天，再加入其余石灰，进行第二次拌和；当用石灰稳定无塑性指数的级配砂砾、级配碎石和未筛分碎石时，应添加 15%左右的黏性土；为减少路面开裂，石灰稳定土中碎石、砂砾或其他粒状材料的含量应在 80%以上，并应具有良好的级配，可根据当地的实践经验或试验选择合适的石灰剂量，碎石土的颗粒组成可参考表 6.2.3-2，石灰土级配也可参照本地经验选择。

石灰稳定土 7 天浸水抗压强度应不低于 0.5～0.8 MPa，压实度不低于 95%～97%，交通量大时取高值，交通量小时取低值。

表 6.2.3-2　石灰稳定碎石土的颗粒组成

层　位	下列筛孔（mm）通过率/%								
	53	37.5	31.5	19	9.5	4.75	2.36	0.6	0.075
基　层	—	100	83～100	54～84	29～59	17～45	11～35	6～21	0～10
底基层	100	85～100	69～88	40～65	19～43	10～30	8～25	6～18	0～10

注：在潮湿地区的基层其塑性指数不宜大于 6，其他地区应不大于 9。

过湿路段或冰冻地区的潮湿路段不宜直接铺筑石灰土基层，应设置隔水垫层。

（3）施工关键点

① 石灰拌和均匀。

② 在混合料处于最佳含水量或略小于最佳含水量时进行碾压，直到达到要求的压实度。

③ 石灰稳定土宜在当天碾压完成，碾压完成后必须保湿养生，不使稳定土层表面干燥，也不应过分潮湿。

④ 当石灰稳定土未铺上部结构时，禁止开放交通。

（4）施工质量控制

① 压实度：底基层压实度应大于 95%，基层应大于 97%。

② 强度：无侧限抗压强度达到设计要求。

说明

稳定土是用水泥或石灰、粉煤灰等做结合料所得混合料的一个广义的名称，它既包括用稳定各种细粒土，也包括用稳定各种碎石或碎砾石等。

1. 水泥稳定类

水泥稳定类，在《公路路面基层施工技术规范》（JTJ 034—2000）中对其原材料进行了要求，集料的颗粒组成按公路等级及层位不同作了相应的规定，对施工方法均进行了详细介绍，具体施工时应参照执行。实施过程中应注意，低塑性土适用于水泥稳定，高塑性土则适用于石灰稳定，当采用水泥稳定塑性指数较大的土时，可掺加石灰综合稳定，不仅可以提高强度，还可以节约水泥剂量，如果集料本身含量甚少，则不易采用水泥石灰综合稳定。

2. 石灰工业废渣稳定类

粉煤灰是在燃烧煤粉后的一种工业废料，与煤矸石、冶金矿渣并称为三大废料，它们既占用了大量的农田，又污染了环境。在粉煤灰、矿渣盛产地区（广安电厂附近、旺苍、攀枝花等），再利用这些材料具有重要的意义。大量的研究表明，它们可以再生利用，而且具有较好的路用性能，利用时可参照《公路路面基层施工技术规范》（JTJ 034—2000）中相关章节执行。

3. 石灰稳定类

石灰稳定类材料在四川省道路上得到了广泛的应用，各地具有丰富的施工经验。尽管它存在强度低、收缩变形大、水稳性稍差的缺点，但该类材料造价低廉、料源广泛，仍不失为低交通量公路的良好筑路材料。石灰稳定类材料中石灰剂量一般为 5%～10%，具体掺量根据试验确定。

6.3 加 固 土

土壤固化剂可分为固态和液态两种，固态固化剂由水泥、石灰等无机结合料或化学添加剂复合而成，液态固化剂为一种液体筑路材料。具体实施时，固化剂和颗粒组成可参照石灰稳定土、水泥稳定土、综合稳定土或相关施工指南执行。

6.4 弹石路面

（1）施工工艺流程

弹石加工→路基整型→基层施工→垫层料到位→块石排砌→成型碾压进行初期养护。

（2）材料

由基层、铺砌垫层和块石面层组成。面层块石宜采用强度高、坚固耐磨、不易风化的石料，磨耗损失不大于 35%、压碎值不大于 30%，块石几何尺寸：长 13～15 cm，宽 8～10 cm，高 12～16 cm。

铺砌垫层砂原料以中、粗砂为主，细砂含量不大于 15%，含泥量控制在 10%以内，禁止使用细砂、粉砂、黏土，厚度一般为 3～5 cm，基层可采用级配碎石、填隙碎石、天然砂砾等。

（3）施工关键点

① 摊铺具有最佳含水量的中、粗砂或石屑砂垫层，同时用轻型压路机碾压 1～2 遍。

② 铺好石块后，应及时撒铺石渣嵌缝料，再用轻型压路机压实，碾压时应先由两边开始，逐渐移向中间；缝内未塞嵌缝料时，禁止滚压。

③ 最后撒铺粒径为 5 mm 以下的中砂或石屑，厚度为 1～2 cm。

（4）施工质量控制

弹石表面平整、紧密、边线整齐；块石无松动。

6.5 沥 青 类

6.5.1 沥青表处

（1）施工工艺流程

施工准备→洒布透层油→洒第一层沥青→撒第一层集料→根据设计要求依次再洒布第二层沥青、第二层集料、第三层沥青、第三层集料，然后分层辗压（轻型钢轮配合轮胎压路机）→经初期养护成型。

（2）材料

① 沥青技术指标应满足本节后面“说明”中的相关要求。

② 沥青表处分为单层、双层和三层，单层表处厚度为

10～15 mm，双层表处厚度为 15～25 mm，三层表处厚度为 25～30 mm。应采用符合要求的道路石油沥青或乳化沥青，洒布热沥青或乳化沥青后应立即用集料撒布机或人工撒布单一粒径碎石，材料规格和用量见表 6.5.1。

（3）施工关键点

① 沥青表处应在温度高于 15 °C 的季节施工。

② 沥青加热是沥青表处施工的重要工序,准确合宜的加热温度和时间最好通过室内试验确定。

③ 洒油是沥青表处路面施工的关键工序，应用沥青洒布车，洒布量应准确，洒布应均匀，无漏洒或洒布过量现象。

④ 洒油后立即撒布集料。撒料应及时、均匀，达到全面覆盖、厚度一致，既不重叠也不露油。局部缺油地点应适当补油，石料过多处扫除补匀。

（4）施工质量控制

质量检测主要有外观检测、路面弯沉检测、路面平整度检测、路面几何尺寸检测等。

6.5.2 沥青贯入式

（1）材料

① 沥青技术指标应满足本节后面“说明”中的相关要求。

② 沥青贯入式路面厚度宜为 40～60 mm。材料规格和用量见表 6.5.2。

表 6.5.1　沥青表面处治面层材料规格和用量

沥青类型	类型	厚度/mm	集料/（$m^3/1\ 000\ m^2$）						沥青或乳液用量			
			第一层		第二层		第三层		第一次	第二次	第三次	合计用量
石油沥青	单层	10	S12	7～9					1.0～1.2			1.0～1.2
		15	S10	12～14					1.4～1.6			1.4～1.6
	双层	15	S10	12～14	S12	7～8			1.4～1.6	1.0～1.2		2.4～2.8
		20	S9	16～18	S12	7～8			1.6～1.8	1.0～1.2		2.6～3.0
		25	S8	18～20	S12	7～8			1.8～2.0	1.0～1.2		2.8～3.2
	三层	25	S8	18～20	S12	12～14	S12	7～8	1.6～1.8	1.2～1.4	1.0～1.2	3.8～4.4
		30	S6	20～22	S12	12～14	S12	7～8	1.8～2.0	1.2～1.4	1.0～1.2	4.0～4.6
乳化沥青	单层	5	S14	7～9					0.9～1.0			0.9～1.0
	双层	10	S12	9～11	S14	4～6			1.8～2.0	1.0～1.2		2.8～3.2
	三层	30	S6	20～22	S10	9～11	S12	4～6	2.0～2.2	1.8～2.0	1.0～1.2	4.8～5.4
							S14	3.5～5.5				

注：表中乳化沥青的乳液用量按照蒸发残留物含量 60%计算，如含量不同应予换算。

表 6.5.2　沥青贯入式面层材料规格和用量

沥青规格	石油沥青					
厚度/mm	40		50		60	
规格用量	规格	用量	规格	用量	规格	用量
封层料	S14	3 ~ 5	S14	3 ~ 5	S13（S14）	4 ~ 6
第三遍沥青		1.0 ~ 1.2		1.0 ~ 1.2		1.0 ~ 1.2
第二遍嵌缝料	S12	6 ~ 7	S11（S10）	10 ~ 12	S11（S10）	10 ~ 12
第二遍沥青		1.6 ~ 1.8		1.8 ~ 2.0		2.0 ~ 2.2
第一遍嵌缝料	S10（S9）	12 ~ 14	S8	16 ~ 18	S8（S6）	16 ~ 18
第一遍沥青		1.8 ~ 2.1		2.4 ~ 2.6		2.8 ~ 3.0
主层石料	S5	45 ~ 50	S4	55 ~ 60	S3（S2）	66 ~ 76
沥青总用量		4.4 ~ 5.1		5.2 ~ 5.8		5.8 ~ 6.4

注：集料用量单位为 $m^3/1\,000\ m^2$，沥青及乳化沥青用量单位为 kg/m^2。

（2）施工关键点及质量控制与沥青表处类似，沥青表处先洒布沥青后撒集料，贯入式则先撒集料后洒沥青。

6.5.3 稀浆封层

（1）施工工艺流程

准备下承层→粗、细集料，填料和乳化沥青→标定稀浆封层车→拌和摊铺→经初期养护成型。

（2）材料

① 乳化沥青采用慢裂型，技术指标应满足本节后面“说明”中的相关要求。

② 集料无风化、无杂质、干燥、洁净，砂当量应大于50%。

③ 填料可采用普通硅酸盐水泥或石灰岩矿粉，矿粉类型和数量应由试验室拌和设计确定，并且作为矿料级配要求之一。

稀浆封层的矿料级配应满足表 6.5.3-1 中的要求。

表 6.5.3-1 稀浆封层矿料级配范围

类型	通过下列筛孔（方孔筛，mm）的质量百分率/%								油石比/%
	9.5	4.75	2.36	1.18	0.6	0.3	0.15	0.075	
ES-2	100	95～100	65～90	45～70	30～50	18～30	10～21	5～15	5.5～9.5

注：沥青用量指乳化沥青中水分蒸发后的沥青数量，乳化沥青用量应根据其浓度计算。

稀浆封层沥青用量由试验确定，混合料应满足表6.5.3-2 的要求。

（3）施工关键点

① 施工前必须清理干净下承层。

② 各种材料性能进行检查，特别是集料含水量、细集料砂当量和乳化沥青指标。

表 6.5.3-2 稀浆封层混合料技术要求

试验项目			技术要求	试验方法
可拌和时间			不小于 120 s	《微表处和稀浆封层技术指南》相关要求
粘聚力试验 30 min（初凝时间） 60 min（开放交通时间）			 不小于 1.2 N·m 不小于 2.0 N·m	
湿轮磨耗损失	浸水 1 h	大于（g/m^2）	800	
	浸水 6 d	大于（g/m^2）	—	
负荷车轮粘附砂量 不大于			450 g/m^2	

③ 须进行配合比设计，铺筑试验路，标定和调整各种参数。

④ 在稀浆封层固化成型前，禁止一切车辆、行人进入。

（4）质量控制和检查验收

质量检测主要有外观检测、路面平整度检测、路面几何尺寸及油石比检测等。

6.5.4 沥青混凝土

参照《公路沥青路面施工技术规范》（JTG F40—2004）执行。

说明

1. 道路石油沥青可用于沥青贯入式、沥青表处，沥青标号的选择应根据气候条件、交通量、施工工艺等因素并结合当地经验确定。其技术要求应符合表 6.5.4-1 的规定。

2. 乳化沥青宜用于表处封层、处治旧沥青混凝土铣刨料利用、透层、粘层等，也可用于沥青表处或稀浆封层，其技术指标应符合表 6.5.4-2 的规定。

表 6.5.4-1 道路石油沥青技术要求

指标		单位	沥青标号			试验方法
			110	90	70	
针入度（25 °C，5 s，100 g）		0.1 mm	100 ~ 120	80 ~ 100	60 ~ 80	T 0604
适用的气候分区			2-3 3-3	1-4 2-4	1-4	参考 JTG F40—2004
软化点（R&B）	不小于	°C	41	42	43	T 0606
15 °C 延度	不小于	cm	60	50	40	T 0605
蜡含量（蒸馏法）	不大于	%				T 0615
闪点	不小于	°C	230	245	260	T 0611
溶解度	不小于	%	99.5			T 0607
密度（15 °C）		g/cm^3	实测记录			T 0603
薄膜烘箱（TFOT）或旋转薄膜烘箱（RTFOT）后						
质量变化	不大于	%	±0.8			T 0610 或 T 0609
残留针入度比（25 °C）	不小于	%	48	50	54	T 0604
残留延度（15 °C）	不小于	cm	30	20	15	T 0605

注：1. 试验方法按照现行《公路工程沥青及沥青混合料试验规程》（JTJ 052—2000）规定的方法执行。

2. 对气候寒冷地区：当最低温度小于 − 21.5 °C 时，宜采用 110 号；当最低温度为 − 9 ~ − 21.5 °C 或大于 − 9 °C 时，宜采用 90 号或 70 号；在高温季节、机械洒布时，沥青标号可高一个等级。

表 6.5.4-2 道路用乳化沥青技术要求

试验项目		单位	品种及代号								试验方法
			阳离子				阴离子				
			喷洒用			拌和用	喷洒用			拌和用	
			PC-1	PC-2	PC-3	BC-1	PA-1	PA-2	PA-3	BA-1	
破乳速度			快裂	慢裂	快裂或中裂	慢裂或中裂	快裂	慢裂	快裂或中裂	慢裂或中裂	T 0658
粒子电荷			阳离子（＋）				阴离子（－）				T 0653
筛上残留物（1.18 mm 筛）不大于		%	0.1				0.1				T 0652
粘度	恩格拉粘度 E_{25}		2～10	1～6	1～6	2～30	2～10	1～6	1～6	2～30	T 0622
	道路标准粘度 $C_{25.3}$	s	10～25	8～20	8～20	10～60	10～25	8～20	8～20	10～60	T 0621
蒸发残留物	残留分含量 不小于	%	50	50	50	55	50	50	50	55	T 0651
	溶解度 不小于	%	97.5				97.5				T 0607

续表 6.5.4-2

试验项目		单位	品种及代号								试验方法
			阳离子				阴离子				
			喷洒用			拌和用	喷洒用			拌和用	
			PC-1	PC-2	PC-3	BC-1	PA-1	PA-2	PA-3	BA-1	
蒸发残留物	针入度（25 °C）	0.1mm	50～200	50～300	45～150		50～200	50～300	45～150		T 0604
	延度（15 °C）不小于	cm	40				40				T 0605
与粗集料的粘附性，裹附面积 不小于			2/3			—	2/3			—	T 0654
与粗、细粒式集料拌和试验						均匀				均匀	T 0659
常温储存稳定性： 1 d 不大于 5 d 不大于		%	1 5				1 5				T 0655

注：1. P为喷洒型，B为拌和型，C、A分别表示阳离子、阴离子。

2. 粘度可选用恩格拉粘度计或沥青标准粘度计之一测定。

3. 储存稳定性根据施工实际情况选用试验时间，通常采用 5 d，乳液生产后能在当天使用时也可用 1 d 的稳定性。

6.6 水泥混凝土路面

参照《公路水泥混凝土路面施工技术规范》（JTG F30—2003）执行。

说明

水泥混凝土路面是一种耐久性较好的路面结构类型，初期造价相对较高，对于经济相对发达、受益人口较多、盛产水泥且通行重车的地区，可采用水泥混凝土路面。水泥、集料级配参照《公路水泥混凝土路面施工技术规范》（JTG F30—2003）执行。

7 路面排水设计

7.1 路面排水设计原则

7.1.1 根据公路等级，沿线地形、地质、水文、气象等条件以及桥涵设置等情况进行综合考虑，注意各种排水构造物之间的联系，并与沿线农田水利排灌系统相结合，使全线形成完善的排水系统，保证路基路面的稳定。

7.1.2 各项排水设施和构造物的设计，应考虑便于施工、检查和养护维修的要求。

7.1.3 多年冻土、滑坡等特殊地区（段）的公路，排水设计应结合该工程的其他处治措施综合进行。

7.2 路面排水设计

7.2.1 低交通量公路排水主要分为地表排水和地下排水。

7.2.2 低交通量公路应根据当地降水与路面的具体情况设置必要的排水设施，及时将降水排出路面，保证行车安全。路面排水一般由路拱坡度、路肩横坡和边沟排水组成，以减少外界水渗入路面结构内部。

7.2.3 路拱坡度应根据路面类型和当地自然条件选定，直线段采用 2%～4% 横坡。平均降雨量小于 500 mm 的地区，横坡可采用低值。横坡取中低值时，土路肩设置向路基外侧倾斜的比直线段稍大的横坡。

7.2.4 边沟横断面采用梯形或矩形。土方路段，边沟的深度不应小于 0.4 m；石方路段，边沟的深度应不小于 0.3 m，宽度为 0.2 m。设置超高路段的边沟应加深边沟，以保证边沟排水畅通。边沟纵坡不得小于 0.3%。

说明

根据四川省当前低交通量公路的调查，道路泥泞的主要原因是大多数路段排水不畅，加之四川省大部分地区降雨量一般在 1 000 mm 左右，路基长期受水浸泡，承载能力大幅度降低，在行车作用下，出现泥泞现象。填石、排水通畅路段，路面较好，因而对低交通量公路，排水尤为重要，根据当前的条件，低交通量公路排水主要是通过横坡和排水沟。

参 考 文 献

[1] JTGB 01—2003 公路工程技术标准. 北京：人民交通出版社，2004.

[2] JTGD 50—2006 公路沥青路面设计规范. 北京：人民交通出版社，2006.

[3] JTJ 014—97 公路沥青路面设计规范. 北京：人民交通出版社，1997.

[4] JTGD 30—2003 公路水泥混凝土路面设计规范. 北京：人民交通出版社，2003.

[5] JTGF 40—2004 公路沥青路面施工技术规范. 北京：人民交通出版社，2004.

[6] JTGF 30—2003 公路水泥混凝土路面施工技术规范. 北京：人民交通出版社，2003.

[7] 微表处和稀浆封层技术指南. 北京：人民交通出版社，2006.

[8] JTJ 034—2000 公路路面基层施工技术规范. 北京：人民交通出版社，2009.
[9] 2009年四川统计年鉴. 北京：中国统计出版社，2009.
[10] 陕西省农村公路路面技术标准（建议稿）. http://www.sxsjtt.gov.cn/.
[11] 四川省交通厅公路局. 农村公路施工技术指南. 成都：西南交通大学出版社，2007.